Julius Klain

Coronavirus
Mein viertes Corona-Krise Tagebuch

„Frohe Corona-Ostern!"

Bibliografische Information der Deutschen Nationalbibliothek: Die Deutsche Nationalbibliothek verzeichnet diese Publikation in der Deutschen Nationalbibliografie; detaillierte bibliografische Daten sind im Internet über dnb.de abrufbar.

© 2020 Julius Klain
Coverbild: © Katharina - stock.adobe.com
Coverdesign und Layout: © Julius Klain
Herstellung und Verlag: BoD – Books on Demand, Norderstedt

ISBN: 978-3-7504-7091-0

Vorwort

Liebe Leserin, lieber Leser,

die Handlungen dieses Buches schließen sich unmittelbar an die Inhalte meiner ersten drei Corona-Krise Tagebücher an.

Um dieses Buch besser zu verstehen, empfehle ich Ihnen daher, vorab auch die beiden ersten Bücher zu lesen.

Ihr

Julius Klain

Freitag, 27. März 2020

Ich habe mal wieder unruhig geschlafen. Dieses Mal war jedoch nicht nur Corona, sondern auch Angela Merkel und ihre Worte vom vergangenen Donnerstag Teil meiner (Alb-)Träume: *„Es kommt auf uns alle an." „Dies ist eine historische Aufgabe und sie ist nur gemeinsam zu bewältigen." „Soziale Kontakte vermeiden.", „soziale Kontakte vermeiden", „soziale Kontakte vermeiden"* …, schallt es mir wieder und wieder im Halbschlaf durch den Kopf. Solange, bis ich endgültig wach bin und auf meinen Wecker schaue. Dieser zeigt jedoch erst 4.15 Uhr an. *Eigentlich könnte ich noch anderthalb Stunden schlafen,* denke ich mir. Doch aus den Erfahrungen der letzten Wochen weiß ich, dass daraus wohl nichts mehr wird. Daher stehe ich auf, gehe ins Bad, entledige mich meines Harndranges und präpariere mich anschließend für den Tag. Wenig später stehe ich in der Küche und bereite mir ein Frühstück zu, welches ich in meinen Rucksack packe und auf der Arbeit zu essen beabsichtige, da ich die spontane Idee habe, mit dem erstmöglichen Bus um 5.17 Uhr zur Arbeit zu fahren.

Pünktlich um 5.05 Uhr mache ich mich folglich auf den Weg zur Bushaltestelle und stelle alsbald anhand der weiß gefrorenen Mülltonnendeckel am Straßenrand fest, dass es erneut in der Nacht sehr kalt gewesen sein muss. *Das fehlt uns gerade noch, dass neben Corona auch der Frost die Obsternte der Bauern in diesem Jahr in Gefahr bringt,* denke ich mir. *Doch es wird so kommen, wenn das in den nächsten Tagen mit dem Wechsel von tagsüber viel Sonnenschein und Temperaturen knapp über null Grad und dem darauffolgenden Nachtfrost, so weitergeht,* lautet mein gedankliches Fazit.

Auch mir selbst wird kälter und kälter, je länger ich an der Bushaltestelle stehe und auf den Bus warte.

Jetzt ist er schon über 15 Minuten zu spät, denke ich mir irgendwann.

Nach weiteren zehn Minuten erfolglosen Wartens, gehe ich frustriert Heim.

Vergiss nicht, dass auch die Busfahrer/innen nur Menschen sind, die ebenso von der Corona-Situation betroffen sind, wie jede(r) andere auch, sagt mir mein Gewissen unterwegs. Gefolgt von: *Sieh' es positiv.*

Was ist daran positiv, dass der Bus nicht kommt? frage ich diese Stimme.

Na zum Beispiel, dass du heute zusammen mit deiner Familie frühstücken kannst, lautet ihre Antwort, der ich nichts entgegenzusetzen habe.

Als ich von der Bushaltestelle wieder Heim kehre, ist es im Haus jedoch noch dunkel. *Alle schlafen noch ...,* denke ich mir, als ich ins Haus schleiche *...und ich will auch, dass das so bleibt, um schreiben zu können.*

Wie auf Samtpfoten gehe ich folglich von der Haustür zum Küchentisch, starte den Rechner und will gerade anfangen, die ersten Worte zu tippen, als mein Handy neben mir klingelt. Schon im gesperrten Display erkenne ich, dass es ein Kollege ist, der mich anruft. *Soll ich drangehen?* frage ich mich.

Die Finger meiner rechten Hand nehmen mir die Entscheidung durch drücken auf den grünen Hörer im Display ab.

„Hallo, hier ist Julius." sage ich. „Was gibt es denn schon so früh?"

„Hast du schon in der WhatsApp-Gruppe gelesen, dass wir beide heute die einzigen Führungskräfte sein werden? Es liegt jedenfalls an uns, wie wir uns den Tag einteilen und da ich heute Nachmittag auf meine Kinder aufpassen müsste, wäre es toll, wenn du die Spätschicht übernehmen könntest. Geht das?"

Dass mit der „Spätschicht" muss ich zunächst erklären, da ich dies im vorausgegangenen Buch nicht erwähnt hatte: Seit zwei Tagen wird bei uns der Firma in einem Zwei-Schicht-System (von 6 bis 14 Uhr und von 14 bis 22 Uhr) gearbeitet, um einerseits die Anzahl der zeitgleich Anwesenden zu reduzieren und dadurch noch mehr Abstand zueinander zu halten, und zum anderen, um unseren Kunden ein verlängertes und technisch stabileres Kontaktzeitfenster zu bieten.

„Kein Problem, das mache ich gerne." heuchle ich meinem Kollegen vor, um ihm weiterzuhelfen. Doch um ehrlich zu sein, habe ich heute absolut keinen Bock auf die späte Schicht, weil ich einerseits von meinem Biorhythmus her ein „früher Vogel" bin, der ausgerechnet heute schon sehr früh wach war und andererseits, weil ich am Nachmittag deutlich lieber bei meiner inzwischen wieder vollkommen genesenen Frau und den Kindern sein würde, anstatt erst gegen 22.30 Uhr von der Arbeit nach Hause zu kommen.

„Nicht schön, aber da müssen wir jetzt alle durch." lautet der passende Kommentar meiner Frau beim Frühstück dazu.

Stimmt, denke ich mir, während meine Tochter abrupt das Thema wechselt und mit vollem Mund zu mir sagt: „Papa, deine Haare werden aber auch immer länger."

„Ja." entgegne ich ihr mit einem Lächeln und einem Schulterzucken, gefolgt von dem eher als Scherz gemeinten Satz: „Was soll ich machen, der Frisör hat halt zu. Oder, soll ich etwa zu dir ins Frisörstudio kommen?"

Meine Tochter, mit einem heftigen Funkeln in ihren Augen: „Ja, Papa, das wäre toll. Das Frisörstudio hat gleich nach dem Frühstück geöffnet."

Nun ist guter Rat teuer, sage ich mir innerlich und bringe es einfach nicht übers Herz, ihre Freude durch eine abschlägige Aussage meinerseits zu zerstören. Dementsprechend sitze ich gegen kurz nach 8 Uhr bei ihr im Zimmer auf dem Fußboden und lasse mich frisieren. Nein, ich erlaube ihr nicht, dass sie tatsächlich an meinen Haaren herumschnippelt, aber, Wasser, Gel, Kamm und Bürste reichen auch völlig aus, um sie glücklich zu machen, und um mir einen neuen Look zu verpassen, den ich zu ihrer Freude auch dann nicht verändere, als ich mich nach dem Mittagessen erneut auf den Weg zur Bushaltestelle mache und darauf hoffe, dass der zu diesem Zeitpunkt geplante Bus auch tatsächlich erscheint.

Zu meiner Erleichterung kommt der Bus und das sogar pünktlich. Erstmals wird mir jedoch zum Einsteigen ausschließlich die hintere Tür geöffnet, was früher, also vor Corona, ein absolutes No-Go gewesen wäre, da ich stets der/dem Fahrenden meine Fahrkarte hätte vorzeigen oder mir eine solche bei ihr/ihm hätte kaufen müssen. Da jedoch die damit verbundene Nähe zum Fahrpersonal derzeit nicht gewollt ist, bleiben die Vordertüren bei allen Bussen geschlossen und ich fahre ohne Fahrkarte. *Auch das ist ein Teil des neuen Corona-Alltags, an den ich mich erst gewöhnen muss,* denke ich mir.

Kurz bevor ich 30 Minuten später den Bus wieder verlasse, schaue ich mich um und meine Gedanken beginnen zu kreisen: *Außer mir sind nur zwei weitere Fahrgäste im Bus. ... Auch draußen sind die Straßen fast menschenleer. ... Fahrzeuge sind ebenfalls kaum unterwegs. ... Die vielen Ampeln, an denen wir dennoch bisher halten mussten, sind dem Grunde nach derzeit vollkommen überflüssig. Man könnte sie auch abschalten,* lautet mein letzter Gedanke, als ich mir die Mütze vom Kopf über meine rechte Hand ziehe, und mit diesem notdürftigen Handschuh auf den Knopf drücke, der meinen Haltewunsch signalisiert.

Kurz darauf steige ich aus und gehe den restlichen Weg bis zur Arbeit zu Fuß.

Von der Arbeit gibt es heute allerdings nichts Nennenswertes zu berichten. Und da ich, wie bereits gesagt, nahezu den gesamten restlichen Tag dort verbringe, endet mein Tagesbericht an dieser Stelle.

Samstag, 28. März 2020

Nach dem langen Arbeitstag gestern gönne ich mir an diesem Morgen den Luxus, nicht nur bis sechs, sondern mal bis halb acht zu schlafen.

Als wir fünf dann gegen 8 Uhr gemeinsam beim Frühstück sitzen, berichtet mir meine Familie, dass sie am gestrigen Nachmittag erstmals Geocaching gemacht haben. Also, dass sie via einer App in unserer Gegend an bestimmten Orten nach einem versteckten Gegenstand gesucht haben (zumeist nach einem wasserdichten Röhrchen mit einem Zettel darinnen, auf welchem man sich namentlich verewigen kann).

„Ah, wie bei einer Art Schnitzeljagt." sage ich.

„Nein Papa, …" entgegnet mir meine Tochter vollkommen entrüstet „… wir haben doch keine Schnitzel gejagt und auch nicht gefunden."

Ihre Worte sind nicht noch vollständig im Raum verhallt, als ich lauthals darüber lachen muss. Und da ich alle anderen mit meinem Lachen anstecke, sitzen wir eine ganze Zeit lang, lachend und juchzend am Tisch.

Lange nicht mehr so gelacht, denke ich mir anschließend, als wir uns alle wieder beruhigt haben.

Alles Weitere an diesem Tag fühlt sich seit Beginn der Corona-Sache mal wieder an, wie ein ganz normaler, ruhiger Samstag: die Hausarbeit, die kleineren handwerklichen Tätigkeiten im Haus und im Garten, die Zeit mit den Kindern und auch die zwischendurch entstehenden Ruhephasen auf dem Sofa.

Das Einzige, was am heutigen Tag jedoch anders ist, als vor Corona, ist die Sportschau. Diese zeigt wegen der Corona-Spielpause nämlich auch heute keine Zusammenfassung des aktuellen Fußballbundesligaspieltags, sondern stattdessen eine Wiederholung der

Partie Deutschland gegen Italien, welche im Rahmen der EM 2016 stattfand.

Mich selbst reizt dieses Spiel nicht sonderlich, da ich den Spielverlauf und das Ergebnis noch recht gut vor Augen habe. Den beiden Jungs hingegen ist völlig egal, was gezeigt wird. Sie sind einfach nur froh, dass sie überhaupt mal wieder Fußball gucken können. Und da für sie das Spiel unbekannt ist, sitzen sie fasziniert und angespannt bis zum letzten, siegreichen Elfmeter für Deutschland vor dem Fernseher.

<u>Weitere erwähnenswerte Ereignisse des Tages (Kurzform):</u>

- Meine Frau und ich haben an den letzten Tagen im Rahmen unserer zahlreichen Spaziergänge mit den Kindern mehrfach festgestellt, dass das Leben für die örtlichen Landwirte (überwiegend Viehzüchter und Kornproduzenten), im Gegensatz zu dem derzeitigen Alltag vieler anderer Menschen, offensichtlich nahezu unverändert geblieben ist. Sie ackern jedenfalls auch trotz Corona so, wie immer. Dies scheint laut den Nachrichten jedoch nicht überall so zu sein, da andernorts die osteuropäischen Erntehelfer fehlen, die auf Grund der Grenzschließungen nicht wie gewohnt nach Deutschland kommen können, was den Bauern, die auf deren Hilfe angewiesen sind, aktuell große Schwierigkeiten bereitet.

- Es hat seit nunmehr über zwei Wochen nicht mehr geregnet, was für diese Jahreszeit eher ungewöhnlich ist und Erinnerungen an den Hitzesommer 2018 in mir weckt. Dieser begann nämlich damals genauso, als der Regen in unserer Gegend von Mitte April bis Ende August ausblieb. *Hoffentlich wird es nicht wieder so extrem. Das könnte schlimmere Folgen haben, als Corona,* denke ich mir.

Sonntag, 29. März 2020

Ich werde einmal mehr recht früh wach und nutze die Phase in der alle anderen, insbesondere die Kinder, noch schlafen, um zu schreiben.

Kurz nachdem ich jedoch die ersten Worte getippt habe, fällt mein Blick auf die Uhr am unteren rechten Rand des Bildschirms, welche 6:45 Uhr zeigt. *Hä, mein Wecker hat doch eben noch 5 Uhr irgendwas angezeigt, wie kann da sein?* frage ich mich und merke, dass ich anfange mich über den Computer aufzuregen, während ich weiter nach einer Lösung für diese Diskrepanz in meinem Kopf suche: *Welches Datum haben wir heute? Keine Ahnung, irgendetwas Ende März. Ist es das letzte Wochenende im März? Ja. Dann wurde die Uhr heute Nacht eine Stunde vorgestellt,* lautet meine abschließende Erkenntnis, die ich nur mit einem Kopfschütteln quittiere, da ich die Zeitumstellung noch nie derart nicht auf dem Schirm hatte, wie heute.

Auch als meine Frau eine Stunde später zu mir in die Küche kommt, wundert sie sich über die Uhrzeiten an den diversen Uhren, die ich zwischenzeitlich umgestellt habe.

„Wir haben seit heute Sommerzeit, mein Schatz. Weißt du das etwa nicht." sage ich ein wenig zynisch, jedoch mit einem schelmischen Lächeln zu ihr.

„Nein. Es sagt einem ja auch keiner mehr etwas Anderes, als Corona." entgegnet sie mir etwas patzig, womit sie aus meiner Sicht inhaltlich vollkommen Recht hat.

„Aber, die Nachrichten haben wir gestern auch nicht geschaut." sage ich abschließend zu ihr, um die Schuld für unsere Unwissenheit nicht ausschließlich auf andere Schultern abzuwälzen.

Dann beginnen wir damit, den Frühstückstisch herzurichten.

Just in dem Augenblick als diese Arbeit erledigt ist, kommt unsere Tochter als erste der drei Kinder zu uns und überfällt uns sogleich mit der Frage, ob wir heute Ostereier auspusten und anmalen können.

„Gute Idee." antworte ich ihr freudestrahlend, zumal mir ein Blick aus dem Fenster auf den wolkenverhangenen Himmel verrät, dass es heute ein eher trüber, vielleicht sogar regnerischer Tag werden wird, der nach deutlich mehr Drinnenbeschäftigungen verlangt, als die durchweg sonnigen Tage zuvor.

Ich zögere daher nicht lange, sondern hole sogleich fünf Eier aus dem Kühlschrank, in welche meine Frau vorsichtig zwei größere Löcher bohrt während meine Tochter ihre zwei Brüder weckt und in Erfahrung bringt, ob sie beim Auspusten mithelfen wollen.

Sie wollen. Und daher stehen wir wenig später zu fünft an der Arbeitsfläche in der Küche, treiben mit hochroten Köpfen den flüssigen Inhalt aus den Eierschalen und haben allesamt unsere Freude an dieser Aktion, der mein jüngerer Sohn die Krone aufsetzt, als ihm beim Auspusten seines Eies vor Anstrengung ein Pups entweicht und wir alle abermals lauthals lachen müssen.

Anschließend machen meine Tochter und ich aus dem überschüssigen Eierextrakt noch schnell Rührei mit Speck und Zwiebeln und dann wird erstmal gefrühstückt.

Kurz vor Ende des Frühstücks, springt mein älterer Sohn plötzlich vom Tisch auf und rennt zur Toilette. Ich kommentiere dies mit einem mir spontan einfallenden Gedicht:

Er ist um die Ecke,
und schaut hinaus zur Hecke.
Da sieht er einen Igel
und auch einen Beagle*.
Der Igel leckt dem Beagle ganz sanft an seinem Po,
das macht den Beagle froh.
(*Eine Hunderasse.)

Abermals setzt postwendend lautes Gelächter am Tisch ein. Selbst ich kann nicht anders, als lautstark über den Quatsch zu lachen, der mir da

soeben aus dem Mund gekommen ist. *Lachen ist bekanntlich ja gesund,
... denke ich mir, gefolgt von ...aber so viel, wie gestern und heute haben
wir als Familie schon lange nicht mehr zusammen gelacht.*

Nach dem Frühstück gehört der Rest des Tages (mal wieder) den
Kindern. Wir bemalen die Ostereier und spielen wetterbedingt
hauptsächlich drinnen mit ihren Legosachen.
Erst am Nachmittag zieht es uns nach draußen. Zur Abwechslung
gehen aber nur die Jungs und ich eine Runde spazieren. Den Mädchen
ist es hingegen zu stürmisch und zu kalt. Regen fällt jedoch trotz der
starken Bewölkung auch heute nicht.

Weitere erwähnenswerte Ereignisse des Tages (Kurzform):

- Noch überschaubar: Laut den Abendnachrichten gibt es
  inzwischen in Deutschland über 58.000 Infizierte jedoch
  lediglich 450 Corona-Tote.
  Meldungen über zu wenige Intensivbetten in den
  Krankenhäusern gibt es bisher allerdings nicht.
- Erschreckend: In Spanien sollen indes allein binnen der
  letzten 24 Stunden mehr als 800 Personen und in Italien 756
  Menschen an Corona verstorben sein.
- Bemerkenswert: In Taiwan hingegen, einem direkten
  Nachbarland von China (dem Land des Corona-Ursprungs),
  gibt es angeblich bisher nur etwa 50 Infizierte. Begründung:
  Taiwan hat sich sehr früh abgeschottet und die Menschen
  dort haben sich sehr diszipliniert und vor allem freiwillig an
  die gebotenen Schutzmaßnahmen gehalten.

Montag, 30. März 2020

Ich habe Frühschicht und verlasse daher das Haus bereits um kurz nach 5 Uhr.

Nachdem ich von der Arbeit heimkehre, nehmen wir als Familie am frühen Abend erstmals an einem 45-minütigen Online-Sport-Kurs teil.

Neben der Bewegung begeistern mich jedoch vor allem die Kreativität und die Geschwindigkeit, in welcher sich der aus dem Nachbarort stammende Personaltrainer, der den Sportkurs leitet und der bis vor Corona mit Online-Kursen noch nichts am Hut hatte, an die derzeitige Situation angepasst hat. Und er ist dabei nur ein Beispiel von vielen: etliche Restaurants, in denen man bis dato lediglich an einem Tisch sitzend bedient wurde, liefern inzwischen aus; Textilfabriken, die vor Corona Kleidungsstücke hergestellt haben, produzieren nun Mundschutzmasken; Talkrunden im Fernsehen finden nicht mehr auf Sofas oder Sesseln in einem Studio statt, sondern als Videokonferenz; Automobilhersteller fertigen derzeit Beatmungsgeräte; … .

Auch ich habe an den letzten Tagen immer wieder meine wenigen freien Minuten genutzt, um meine Selbständigkeit neu auszurichten. Jedenfalls schreibe ich inzwischen deutlich mehr, als noch vor Corona und bin sehr glücklich darüber. Doch ich muss auch zugeben, dass mir die unternehmensberaterischen Vorträge fehlen und ich mich danach sehne, sie endlich wieder durchführen zu können. *Hoffentlich schon im Laufe des Mai*, wünsche ich mir innerlich, wobei mir klar ist, dass ich geduldig bleiben muss. Denn Geduld zahlt sich nach meiner Erfahrung nahezu immer aus.

Als meine Frau und ich die Kinder am Abend ins Bett bringen wollen, kommt es zum ersten größeren Streit zwischen ihr und den zugegebenermaßen recht aufmüpfigen Jungs.

„Ich weiß, es ist derzeit nicht leicht und ja, die Jungs gehen auch mir gerade auf den Senkel. Dennoch müssen wir nachsichtig mit ihnen sein und ihnen mehr zugestehen, als bisher. Bitte vergiss nicht, dass die beiden, im Gegensatz zu uns, derzeit nichts Anderes sehen, als uns, unser Haus, unseren Garten und ihre Schwester. Wir beide hingegen kommen auch mal raus indem wir zur Arbeit und Einkaufen fahren. Das macht aktuell einen großen Unterschied." sage ich zu meiner Frau, um ein wenig deeskalierend auf sie einzuwirken. Mit Erfolg. ☺

<u>Weitere erwähnenswerte Ereignisse des Tages (Kurzform):</u>
- -

Dienstag, 31. März 2020

Um die Kinder gleich morgens an die frische Luft zu bekommen und, um noch etwas gemeinsam zu unternehmen, bevor meine Frau zur Arbeit fährt, brechen wir gleich nach dem Frühstück zu einer kleinen Wanderung auf.

Auch heute ist ein herrlich sonniger Frühlingstag, stelle ich zwischendurch fest, sodass ich mit den Kindern auch den Großteil des weiteren Tages (nachdem meine Frau uns Richtung Arbeit verlassen hat) im Garten verbringe, ohne jedoch auch nur ansatzweise das tun zu können, wonach mir ist. Stattdessen mache ich mit den Jungs zwei Fußballtrainingseinheiten und spiele mit meiner Tochter im Sandkasten.

Als ich am Abend ins Bett gehe, spüre auch ich erstmals, wie unausgeglichen und leicht reizbar ich nach diesem Tag im Klammergriff der Kinder bin. *Es geht mir heute so, wie meiner Frau gestern,* denke ich mir vor dem Spiegel im Bad und muss nun an mich selbst appellieren, den Jungs gegenüber ruhig zu bleiben und nicht meinem Drang zu folgen aus der Haut zu fahren.

Weitere erwähnenswerte Ereignisse des Tages (Kurzform):
- Die Wetterprognosen sollen derzeit so ungenau, wie schon lange nicht mehr sein, heißt ist es im Fernsehen. Grund dafür sind die aktuell am Boden stehenden Flugzeuge, die angeblich einen sehr großen Anteil an der Lieferung von Wetterdaten haben. Es ist daher ungewiss, ob es tatsächlich so trocken bleiben wird, wie derzeit angenommen.

Mittwoch, 01. April 2020

Da ich an diesem Morgen recht früh wach werde und mein Kopf derart nach angemessener Beschäftigung lechzt, fahre ich spontan für vier Stunden zur Arbeit.

Als ich nach Hause zurückkehre, übergebe ich lediglich den Autoschlüssel an meine Frau, die dann ihrerseits sogleich zur Arbeit aufbricht.

Der Rest des Tages gehört mal wieder den Kindern.

Viel Zeit, um zuschreiben, bleibt daher für mich nicht.

<u>Weitere erwähnenswerte Ereignisse des Tages (Kurzform):</u>
- -

Donnerstag, 02. April 2020

Den heutigen Tag verbringe ich fast ausschließlich auf der Arbeit, wo es inzwischen für mich wieder deutlich unaufgeregter zugeht, als noch vor zwei Wochen. Viele der neuen von Corona veränderten Prozesse haben sich inzwischen eingespielt, so dass sich dieser Tag mal wieder nach Routine anfühlt.

Es ist daher lediglich die Aussage meiner Frau während des Abendessens, dass wir im zurückliegenden Monat 300 € mehr als sonst für Lebensmittel ausgegeben haben, die mich an diesem Tag belastet. *Wenn das so weitergeht, werden wir unsere Reserven stärker und eher nutzen müssen, als anfangs gedacht,* lautet mein beunruhigendes gedankliches Fazit dazu.

Weitere erwähnenswerte Ereignisse des Tages (Kurzform):
- -

Freitag, 03. April 2020

Im Laufe der Nacht werde ich kurz durch ein schon seit längerem nicht mehr von mir wahrgenommenes Geräusch geweckt: Regen, der aufs Dach prasselt.

Der Schauer war jedoch zu kurz, um etwas gegen die Trockenheit auszurichten, denke ich mir wenig später, als das Geräusch wieder verschwindet und bevor ich noch einmal einschlafe.

Als ich an diesem Morgen zum Bus gehe und zur Arbeit fahre, sind die Straßen dennoch seit langem mal wieder nass, wodurch es heute so wunderschön und einzigartig riecht, wie es nur nach einem Regenschauer im Frühling riecht. Frisch und lebendig.

War es an den letzten Tagen auf der Arbeit eher unspektakulär, so muss ich heute unbedingt von einem Anruf einer Kollegin berichten. Ein Anruf, der meinen Puls kurzzeitig deutlich in die Höhe schnellen lässt und der mir zeigt, dass die an den vergangenen Tagen ein wenig ins Abseits geratene „unsichtbare Bedrohung" noch immer da ist:

„Hallo Julius, …" sagt sie ein wenig verlegen. „…ich wollte mich kurz mit dir abstimmen, wie ich mich verhalten soll. Es ist nämlich so, dass mein Vater vorgestern nach über drei Monaten aus dem Krankenhaus entlassen wurde und dass mein Bruder und ich ihn seit diesem Tag zu Hause pflegen. Gestern rief uns überraschender Weise das Krankenhaus an und teilte mit, dass einer seiner Pfleger dort positiv auf Corona getestet wurde. Und da daher auch mein Vater Corona haben kann, weiß ich nun nicht, was ich machen soll. Soll zur Arbeit kommen, oder nicht?"

Ich kann zunächst nichts sagen, sondern muss erstmal schlucken und meine Gedanken sortieren. Es wundert mich daher nicht, dass ich durch mein Headset die folgenden Worte höre: „Hallo? … Julius? Bist du noch dran?"

„Ja, bin ich." entgegne ich ihr zögerlich, bevor ich sie frage „Wie oft hattest du denn in den letzten vierzehn Tagen Kontakt zu deinem Vater?", um den Zeitraum in dem auch sie das Virus schon unbemerkt in sich getragen hat und vielleicht auch vielleicht auch schon mit zur Arbeit gebracht hat, einzugrenzen.

Sie: „Nur vorgestern Abend. Im Krankenhaus galt ja schon länger ein strenges Besuchsverbot."

Puh, das ist schon mal gut, denke ich mir. „Und wie hast du gestern gearbeitet, früh oder spät?" hake ich nach.

Sie: „Gar nicht. Gestern hatte ich frei."

In diesem Augenblick fällt mir ein Stein vom Herzen, da sie somit in der Vergangenheit kein Risiko für mich, die Kolleginnen und Kollegen und das Unternehmen dargestellt hat. Damit dies auch so bleibt, sage ich abschließend zu ihr: „Okay, dann bleib bitte auch die kommenden 14 Tage zu Hause. Ich werde mich sofort darum kümmern, dass du von dort arbeiten kannst. Bitte halte uns jedoch auf dem Laufenden, wie es dir geht."

Solche Gespräche, werden wir wohl noch öfter haben, denke ich mir anschließend, während ich meinen Unterarm beobachte, auf dem langsam die Gänsehaut verschwindet. *Es bleibt nur abzuwarten, wie oft.*

Als ich von der Arbeit nach Hause komme, sitzen mir der Schreck und die Inhalte des Anrufs immer noch irgendwie im Nacken. Vielleicht ist das auch der Grund, warum ich recht wütend werde, als ich sehe, dass unsere Kinder mit einem anderen Kind im Garten der Nachbarn spielen. *Wie kann das sein? Was denkt sie (meine Frau) sich dabei?* frage ich mich und konfrontiere meine Frau auch sogleich mit diesen Fragen, als ich das Haus betrete.

Begründungen höre ich jedoch von ihr nicht, sondern eher Ausreden.

Wenig später hole ich die Kinder zurück auf unser Grundstück. Doch ich muss zugeben, dass mir dieser Schritt innerlich sehr wehtut, als ich sehe, wie glücklich die drei sind. Glücklich, mal wieder mit einem anderen Kind spielen zu können.

Weitere erwähnenswerte Ereignisse des Tages (Kurzform):
- Laut den Abendnachrichten gibt es inzwischen über 85.000 Infizierte und circa 1.200 Corona-Tote in Deutschland. Seit kurzem wird das tägliche Zahlenspiel auch von der Anzahl der bereits wieder Genesenen ergänzt. Diese beläuft sich bis zum heutigen Tag auf etwa 22.000.
- Im vergangenen Monat haben sich in den USA im Vergleich zum Vormonat über 10 Millionen Menschen mehr arbeitslos gemeldet. *Kein Wunder,* denke ich mir, *so etwas wie Kündigungsschutz oder Kurzarbeit gibt es dort ja auch nicht.*
- Am Abend telefoniere ich mit meinem Bruder, der bei VW arbeitet. Er berichtet mir, dass das Werk schon seit einer Woche geschlossen hat und auch mindestens noch weitere zwei Wochen geschlossen bleiben wird. Wer kauft schon in dieser Zeit ein Auto? fragt er mich suggestiv.

Samstag, 04. April 2020

„Papa, heute wären wir doch eigentlich in den Urlaub geflogen, oder?" fragt meine Tochter beim Frühstück, womit sie kurzzeitig ein Kapitel in meinem Kopf öffnet, dass ich schon längst bei Seite geschoben habe.

„Stimmt. Aber glaub mir, es ist derzeit viel besser, dass wir hier sind, anstatt auf den Kanaren." antworte ich ihr aus voller Überzeugung. Dennoch fühlt es sich irgendwie komisch und ungewohnt an, derart über einen weiteren ausgefallenen Urlaub zu reden, auf den ich mich vor einem Monat noch sehr gefreut habe.

Nach dem Frühstück gehe ich mit den Kindern hinaus in den Garten, wo wir dank des fortwährend schönen Wetters nahezu den gesamten Rest des Tages verbringen (können).

Meine Frau zieht es derweil in den Keller an ihre Nähmaschine, wo sie sich ebenfalls nahezu den gesamten Tag erfolgreich daran ausprobiert, Mundschutzmasken für uns fünf und unsere Eltern zu nähen.

Eine klasse Idee von ihr, finde ich.

Weitere erwähnenswerte Ereignisse des Tages (Kurzform):
- Im Rahmen der 20-Uhr-Nachrichten geht es vor allem um ein Thema: Wie geht es mit den aktuellen Corona-Maßnahmen nach dem 20. April weiter? Zur Erinnerung: der 20. April ist das Datum, bis zu welchem die derzeitigen Maßnahmen zunächst befristet sind.

  Ich höre zwei Stimmen dazu:

  Ein Virologe sagt sinngemäß, dass es nicht ewig bei diesem „Shutdown" bleiben könne. Zumindest nicht solange, wie es braucht, ein Medikament und/oder einen Impfstoff zu entwickeln. Um uns daher wirksam gegen COVID-19, wie Corona offiziell betitelt wird, zu schützen, müssen wir uns seiner Meinung nach alle geordnet mit dem Virus infizieren, um selbst dagegen Antikörper zu entwickeln.

Was meint er mit geordnet? frage ich mich und denke mir zudem in Bezug auf die ganzen Maßnahmen und deren Folgen binnen der letzten drei Wochen: *Das hätten wir dann auch billiger haben können.*

Die zweite Stimme plädiert hingegen eindeutig dafür, die Maßnahmen zu verlängern, gegebenenfalls sogar noch auszuweiten.

Es bleibt also ungewiss, wie es weitergeht, lautet mein Fazit.

Sonntag, 05. April 2020

Schon beim Aufstehen verrät mir ein Blick aus dem Fenster, dass auch heute ein fantastisch sonniger Frühlingstag auf mich (uns) wartet.

Nach dem Frühstück und einer kurzen Zeit, die ich schreibend am Rechner verbringe, heißt es folglich auch heute „Ab in den Garten!", wo pünktlich um 9 Uhr das erste Fußballtraining beginnt, bevor ich mit den Jungs gegen halb elf unsere Gartenmöbel aus dem Winterquartier hole und auf unserer Terrasse aufbaue, da wir heute Mittag erstmals in diesem Jahr grillen und draußen essen wollen.

Aber, da haben wir uns zu früh gefreut, denn schon gleich nach Beginn des Mittagessens spüren wir alle, dass es trotz des Sonnenscheins noch zu kalt ist, um draußen zu speisen.

Nach einer kurzen Mittagspause brechen wir zu einem nahegelegenen See auf, um den Kindern einen „Tapetenwechsel" zu ermöglich damit sie mal etwas sehen, als nur unseren Garten.

Mit dieser Idee sind wir jedoch bei weitem nicht die einzigen. *Unglaublich, wie viele Menschen hier heute unterwegs sind,* denke ich mir zwischendurch und spüre, dass unser Ausflug durch das ständige Ausweichen, um Radfahrenden Platz zu machen oder um anderen Menschen aus dem Weg zu gehen, ein recht unentspanntes Unterfangen für mich ist.

Kurz bevor wir zu unserem Auto zurückkehren, kommt mir in den Sinn, meiner Familie zwei Fragen zu stellen, die mir schon seit einigen Tagen durch den Kopf gehen:

1. Was vermisst du bisher am meisten?
2. Was findest du an der jetzigen Situation gut?

Hier sind die Antworten:

	Was vermisst du bisher am meisten?	Was findest du an der jetzigen Situation gut?
meine Frau	Soziale Kontakte.	Dass wir so viel Zeit miteinander verbringen und so viele Dinge in unserer Gegend machen, die wir uns schon lange vorgenommen haben.
unser ältester Sohn	Die Besuche bei Oma und Opa. Insbesondere bei Opa.	Ich finde derzeit alles doof.
unser jüngerer Sohn	Meine Freunde in der Schule.	Dass wir alle zusammen in einem Zimmer schlafen.
unsere Tochter	Mit anderen Kindern zu spielen.	Weiß ich nicht.
Ich	Gar nichts.	*Dass ich endlich mal wieder dazu komme, zu schreiben,* denke ich. „Dass wir so viel Zeit zusammen haben." sage ich.

Weitere erwähnenswerte Ereignisse des Tages (Kurzform):

- Laut Politik ist es derzeit noch zu früh, um über „Exit-Strategien" zu debattieren.
- In einem lokalen Zeitungsbericht wird klargestellt, dass Physiotherapiepraxen wirklich nur medizinisch unbedingt notwenige Behandlungen durchführen dürfen. *Ich bin mal gespannt, was das für meine Frau bedeutet,* denke ich mir dazu.

Montag, 06. April 2020

Eigentlich hätte ich heute Urlaub, denke ich mir, als ich zur Arbeit fahre und in die inzwischen vierte Corona-Woche starte. *Warum einen Urlaubstag verschwenden, wenn ich ihn nicht brauche und, wer weiß was noch kommt,* dachte ich mir jedenfalls am vergangenen Freitag, als ich meinen Urlaubstag für heute zurückgezogen habe.

„Es ist schon krass, wie schnell man sich an die aktuelle Situation gewöhnt hat. Die Zeit vor Corona ist für mich jedenfalls gefühlt schon eine Ewigkeit her." sage ich am frühen Nachmittag zu einer Kollegin, die mir zustimmt.

Die letzten Tage haben sich tatsächlich angefühlt, wie die Ruhe vor einem Sturm, denke ich mir in Anspielung auf den letzten Absatz meines dritten Corona-Krise Tagebuches, als ich kurz nach dem Gespräch mit der Kollegin wieder alleine an meinem Schreibtisch sitze und vor Langeweile den Feierabend herbeisehne.

Als es endlich soweit ist, verabschiede ich mich von den Kolleginnen und Kollegen und wünsche allen ein schönes Osterfest, da mein Chef darauf besteht, dass ich keinen weiteren, geplanten Urlaubstag zurückgebe. Folglich habe ich bis Freitag nach Ostern frei.

Auf dem Weg zur Bushaltestelle komme ich an einem Zeitschriftenladen vorbei und bin überrascht, aber auch erfreut, dass dieser geöffnet hat. Ohne lange zu überlegen gehe ich hinein und kaufe für die beiden Jungs eine Bravo Sport inklusive Fußballsammelkarten, für meine Tochter ein Osterbastelbuch und für meine Frau eine Gartenzeitschrift.

Sofort als ich nach Hause komme, rufe ich die „gesamt Mannschaft" zusammen und sage zu ihnen: „Ich bin stolz auf euch und sehr dankbar, dass wir die bisherige Zeit so gut und friedlich miteinander verbracht haben. Und aus diesem Grund habe ich euch allen etwas mitgebracht."

Ich habe es schon lange nicht mehr erlebt, dass sich alle über ein kleines Geschenk derart gefreut haben, wie heute, denke ich mir glücklich und zufrieden nachdem mich die Jungs freudestrahlend in den Arm genommen haben und meine Tochter „Papa, du bist der Beste!" zu mir gesagt hat.

<u>Weitere erwähnenswerte Ereignisse des Tages (Kurzform):</u>
- -

Dienstag, 07. April 2020

5.00 Uhr: Ich stehe auf, setze mich an den Rechner und schreibe. So unmotiviert und lustlos, wie heute, war ich jedoch bisher zu keinem anderen Zeitpunkt. *Was tue ich hier? Interessiert es überhaupt jemanden und wird das, was ich schreibe nicht inzwischen zu monoton und zu langweilig?* frage ich mich. *Denk nicht zu viel darüber nach!* appelliert eine innere Stimme an mich. *Es wird immer jemanden geben, den es interessiert. Vor allem hat es dir jedoch geholfen, mit der bisherigen Situation klarzukommen, oder?*
Ja, stimmt. Aber, ...
Kein Aber.

6.25 Uhr: Anziehen. Erstes kleines Frühstück.

6.45 Uhr: Ich fahre Einkaufen, wo mir auffällt, dass sich inzwischen Abstandsaufkleber auf dem Fußboden im Kassenbereich befinden und, dass nun auch die Kassierenden durch eine Plexiglaswand geschützt werden.

8.45 Uhr: Rückkehr vom Einkauf.

bis 9.15 Uhr: Zweites Frühstück.

bis 10 Uhr: Küche aufräumen.

10.28 Uhr: Meine Frau bricht zur Arbeit auf, wo es auch nach dem sonntäglichen Zeitungsbericht so weitergeht, wie bisher.

10.33 Uhr: Fahrradtour mit meiner Tochter. Die Jungs haben keinen Bock uns zu begleiten und ich trage ihnen daher auf, derweil ihre Schulaufgaben zu erledigen.

11.30 Uhr: Rückkehr von der Radtour und zugleich Beginn der Vorbereitungen fürs Mittagessen.

12:03 Uhr: Ich kontrolliere die Schulaufgaben der Jungs und bin zufrieden mit dem, was sie gemacht haben.

12.15 Uhr: Kurze Pause auf dem Sofa.

12.34 Uhr: Mittagessen.

13.11 Uhr: Die Küche ist wieder aufgeräumt. Weitere Pause auf dem Sofa.

Ab 14 Uhr: Aufenthalt im Garten

18.00 Uhr: Vorbereitung des Abendessens

18.37 Uhr: Meine Frau kehrt von der Arbeit heim und berichtet mir, dass ihr Chef angeblich beabsichtigt, beim Bezug des Kurzarbeitergeldes zu bescheißen, da seine Leute aktuell mehr zu tun haben, als für den Bezug von Kurzarbeitergeld zulässig. Ich bin sprachlos und wütend, ob solcher Machenschaften.

19.15 Uhr: Beginn des täglichen Abendfilms

19.27 Uhr: Anruf eines sehr guten Freundes, der beruflich ein ziemlich „hohes Tier" im hessischen Gesundheits-ministerium ist. Da wir erstmals seit Beginn der Krise miteinander sprechen, tauschen wir uns zunächst über unsere recht ähnlich gelagerten persönlichen Situationen aus: unseren Familien geht es zum Glück vollends gut; die Kinderbetreuung ist eine Herausforderung, die wir jedoch derzeit beide gut hinbekommen, wenn auch auf unterschiedliche Weise; auch er hat aktuell beruflich alle Hände voll zu tun und geht ebenso wie ich davon aus, dass sich das gewohnte Leben in Deutschland, mindestens jedoch die Anzahl der Unternehmen deutlich verändern (reduzieren) wird.

„Die Situation hat halt auch etwas Reinigendes für diese Welt." sage ich zu ihm, was ich auf ganz viele Bereiche beziehe. Unter anderem auf die Zahl der Weltbevölkerung, das Verhalten der Menschen und auch auf unser bisheriges Selbstverständnis des Seins.

Zum Abschluss unseres Gesprächs kann ich mir eine Frage nicht verkneifen, obwohl ich weiß, dass ich ihn damit in die Zwickmühle unserer bedingungslosen Freundschaft und seiner beruflich gebotenen Verschwiegenheitspflicht bringe: „Sag mal, kannst du mir schon sagen, wie es nach Ostern weitergehen wird? Werden die Schulen und Kindergärten wieder öffnen?"

„Ich weiß es ehrlich gesagt noch nicht." lautet seine authentisch klingende Antwort. „Die Ministerpräsidenten der Länder werden erst am Mittwoch nach Ostern mit der Bundesregierung darüber reden und dann werden wir sehen, was wir tun. Denkbar sind derzeit alle Richtungen: die Maßnahmen 1:1 zu verlängern; es so zu machen wie Österreich und eine generelle Mundschutzpflicht einzuführen, jedoch zeitgleich das öffentliche Leben wieder zuzulassen, ... aber wie gesagt, am Mittwoch nach Ostern wissen wir mehr."

Na, dann bin ich mal gespannt wie es dann weitergeht, denke ich mir und hoffe in der Tat darauf, dass zumindest die Kindergärten und Schulen wieder öffnen, da ich unseren drei Kindern inzwischen deutlich anmerke, dass ihnen etwas in ihrem Leben fehlt. Und wenn es auch nur die sozialen Kontakte zu anderen Kindern sind.

19.50 Uhr: Ich bin zurück vor dem Fernseher.

21.30 Uhr: Es ist an der Zeit, die Kinder ins Bett zu bringen. Inzwischen findet dies etwa zwei Stunden später statt, als noch zu Beginn der Corona-Ferien. *Sie sind halt mittlerweile im Ferienmodus.*

22.02 Uhr: Auch ich liege endlich im Bett und es dauert nicht lange, bis ich einschlafe.

<u>Weitere erwähnenswerte Ereignisse des Tages (Kurzform):</u>

- Laut unserem Postzusteller hat er allein am heutigen Tag 115 Pakete in unserem kleinen 600-Einwohner-Ort auszuliefern. Ein Rekord, wenn ich seinen Worten Glauben schenken darf.
- Die Fluggesellschaft Germanwings wird auch nach der Krise nicht wieder fliegen. *Gut fürs Klima!* lautet mein erster spontaner Gedanke.
- Aktuelle Corona-Zahlen aus Deutschland:
  - ca. 106.000 Infizierte, etwas über 1.900 Tote (Die Todesrate liegt somit etwas unter 2%) und bereits über 35.000 von Corona genesene Menschen.

Mittwoch, 08. April 2020

Da zu viele Patienten ihren Behandlungstermin abgesagt haben, hat meine Frau heute frei. Und obwohl dies ein Einkommensverlust für uns bedeutet, überwiegt die Freude in mir, dass wir uns heute gemeinsam um die Kinder kümmern können, was es für jeden von uns deutlich einfacher macht.

Beim Frühstück sagt unsere Tochter mal wieder etwas aus heiterem Himmel, das uns allen nahegeht: „Uroma kann doch jetzt im Altersheim perfekt sterben, oder? Da sind so viele Leute um sie herum und sie ist wenigstens nicht allein."

Ich habe anschließend Tränen in den Augen und einen dicken Klos im Hals. Sagen kann ich daher nichts, nur denken: *Uroma kann jetzt perfekt sterben. Wie kommt sie gerade heute darauf? Und ja, Uroma hat jetzt Leute um sich herum, die sie jedoch alle nicht treffen darf, da sie sich wegen Corona allein in ihrem Zimmer aufhalten muss.*

Ich greife umgehend zum Telefon und rufe bei ihr an, was ich wahrscheinlich ohne die Worte meiner Tochter nicht getan hätte.

Nach dem Frühstück heißt es für die Jungs, sich zunächst abermals um ihre Schulaufgaben zu kümmern, bevor wir in den Garten gehen und ein weiteres Fußballtraining machen. Dieses Mal trainiert zum Ärger der Jungs jedoch erstmals auch meine Tochter mit, die sich dafür extra ein Eintracht Frankfurt Trikot sowie ein Paar alte Fußballschuhe ihrer Brüder angezogen hat und darin echt süß aussieht.

Am Nachmittag fahren wir fünf in die Stadt, um das seit gestern kaputte Fahrrad meines mittleren Sohnes in eine Werkstatt zu bringen. Dies gestaltet sich jedoch als deutlich schwieriger, als angenommen. „Sie glauben gar nicht, wie viele Leute derzeit mit ihren kaputten Fahrrädern zu uns kommen. Vor Ende nächster Woche, wird das nichts." hören wir sinngemäß bei fast jeder Werkstatt.

Nach annähernd zwei Stunden des von Werkstatt zu Werkstatt Tingelns, bin ich gewillt, aufzugeben. Doch dann, finden wir zum Glück doch noch jemanden, der uns das Fahrrad abnimmt. Und nicht nur das, uns wird zudem zugesichert, dass wir es auch morgen wieder abholen können, sodass wir am Osterwochenende mit unseren Fahrrädern unterwegs sein können. ☺!

Am Abend rufen sowohl meine Eltern, als auch meine Schwiegereltern bei uns an und erkundigen sich nach unseren Osterplänen. Nein, genauer gesagt, laden uns beide Partien ein, sie an Ostern zu besuchen, was uns, insbesondere mich, in die deutlich spürbare Zwickmühle zwischen Corona-Vernunft und Aufrechterhalten des familiären Friedens bringt. Und obwohl ich weiß, dass es feige ist und die Situation nicht löst, treffe(n) ich (wir) am heutigen Tag noch keine Entscheidung.

<u>Weitere erwähnenswerte Ereignisse des Tages (Kurzform):</u>
- Neuer Tiefpreis: ich tanke heute für 1,15 € je Liter E10. ☺!

Donnerstag, 09. April 2020

Die Kinder sind heute sehr unausgeglichen und ich bin es nach nur drei Urlaubstagen irgendwie auch. Zum einen, weil mich die gestrigen Ostereinladungen belasten und zum anderen, weil ich heute einfach keinen Bock darauf habe, hauptsächlich die Kinder bespaßen zu müssen, anstatt schreiben zu können. Es kommt daher, wie es kommen muss, dass wir (die Jungs und ich) am späten Vormittag einmal heftig verbal aneinander rasseln.

Mein älterer Sohn weint anschließend bitterlich, da er nicht (mehr) verstehen kann, dass er sich immer noch nicht mit seinen Freunden verabreden darf und es zerreißt mir einmal mehr das Herz, ihn so zu sehen, doch was soll ich ihm anderes sagen, als die inzwischen ziemlich abgenudelte „Corona-Laier"?

„Ich kann dich verstehen." sage ich daher zu ihm. „Und, glaub mir, wenn ich anders könnte, würde ich dir sofort erlauben, dass du mit deinen Jungs spielen darfst, aber es geht halt derzeit einfach nicht. Tut mir leid. Ehrlich! Vielleicht sieht es jedoch bald schon wieder ganz anders aus."

Doch die vorösterliche Rede der Kanzlerin am frühen Abend, macht mir wenig Mut, dass es kurzfristig Lockerungen geben wird:

Zitate aus ihrer Rede:

„Die neuesten Entwicklungen der Zahlen über die Ausbreitung des Virus geben Anlass zu vorsichtiger Hoffnung. Der Anstieg flacht sich leicht ab und die Zahl der aktuell Infizierten geht ein wenig zurück."

Aber:

„Wir dürfen uns nicht in Sicherheit wiegen, sondern müssen froh sein, dass deutlichere Einschränkungen vielleicht nicht notwendig sind."

„Wir dürfen nicht leichtsinnig sein."

„Wir müssen konzentriert bleiben."

„Es gibt keinen Grund zur Entspannung."

„Wir müssen dies *(Anmerkung vom mir: die bisherigen Maßnahmen)* über Ostern und auch die Tage danach weiter so fortsetzen, denn wir können uns sehr, sehr schnell das zerstören, was wir jetzt erreicht haben."

„Konzentration, Disziplin, das ist das, was Fürsorge für die nächsten sind. Fürsorge für die nächsten durch Abstand."

„Ich will ausdrücklich vor dem Gefühl warnen, wir könnten vielleicht glimpflicher davonkommen als andere oder als wir es dachten. Ja, der Trend ist da, dass wir etwas besser dastehen heute. ... Aber wenn wir dann überlegen, wie kommen wir in eine nächste Phase, dann gehen wir wieder in ein Gebiet wo wir ja nicht wissen, wie Lockerungen unserer Maßnahmen wirken würden."

„Daher mein Apell, sich weiter an die Maßnahmen zu halten und die klare Ansage, dass wir noch auf längere Zeit in und mit dieser Pandemie leben müssen. Deshalb müssen wir ganz, ganz vorsichtig vorgehen, wenn dann in kleinen Schritten, und immer wieder die Folgen beobachten. Denn unser Ziel bleibt ja, unser Gesundheitssystem an keinem Punkt zu überfordern ..."

„Was können Schritte hin zu einer Lockerung sein? Für mich eine sehr wichtige Studie wird die der Nationalen Akademie der Wissenschaften sein, der Leopoldina, die am Montag beziehungsweise Dienstag veröffentlicht werden soll." *Na, dann bin ich mal gespannt was diese Studie besagt und wie es weitergeht.*

„Wir haben in den letzten Wochen sehr viel Kraft bewiesen und jetzt kommt es gerade vor diesem Osterwochenende darauf an, darin nicht nachzulassen."

Doch als hätte es die mahnenden und eindeutigen Worte der Kanzlerin nicht gegeben, lautet die aus meiner Sicht unvernünftige Entscheidung meiner Frau, dass wir den Kindern zu liebe unseren Eltern in jedem Fall an Ostern einen Kurzbesuch abstatten, uns dabei allerdings auf Abstand halten werden, was aus meiner Sicht mit den Kindern nahezu unmöglich ist.

„Wenn es denn unbedingt sein muss. Aber dann nur mit Mundschutz. Dank deiner Näharbeiten haben wir jetzt ja welche." entgegne ich ihr zähneknirschend. Worauf hin sie mich nur auslacht und sagt: „Niemals."

<u>Keine weiteren erwähnenswerten Ereignisse des Tages.</u>

Freitag, 10. April 2020 - Karfreitag

Nach einem sehr entspannten Tagesbeginn an dem jeder von uns tun und lassen konnte, was sie/er wollte, sitzen wir fünf gegen 11 Uhr auf unseren Fahrrädern und radeln zu meinen Schweigereltern, die etwa 10 Kilometer von uns entfernt wohnen, damit die Kinder dort ihre Osternester im Garten bauen können.

Je länger wir unterwegs sind und je näher wir dem Wohnort meiner Schwiegereltern kommen, desto größer werden meine Zweifel, ob wir gerade das richtige tun. Die Antwort bleibt in mir dummerweise immer dieselbe: *Nein.* Doch auch heute scheine ich mit meinen Gewissensbissen der einzige aus der Familie zu sein, denn alle anderen sind voller Vorfreude. Zumindest glaube ich, dies aus den Gesichtern der Kinder und dem meiner Frau entnehmen zu können. Und wer kann es ihnen verdenken, schließlich haben sie sich nun seit über vier Wochen nicht gesehen.

Ja, auch ich freue mich sehr darüber, die beiden nach dieser für uns unverhältnismäßig langen Zeit (solange, wie noch nie zuvor) wiederzusehen, das muss ich an dieser unumwunden zugeben. Vielleicht ist das auch der Grund, dass ich inkonsequent werde und es zulasse, dass die Kinder nicht nur schnell ihre Osternester im Garten bauen und wir dann weiterfahren, sondern, dass wir es uns noch für gut eine halbe Stunde auf der Terrasse bequem machen, wobei wir (Erwachsenen) ausreichend Abstand zueinander halten. (Ich weiß, die letzten Worte sind bloß ein kläglicher Rechtfertigungsversuch für unser Fehlverhalten.)

Am frühen Nachmittag kehren wir nach Hause zurück, wo meine Frau und ich uns sogleich an die Vorbereitungen des Mittagessens machen, während die Kinder im Garten spielen und auch bei meinen Eltern, die quasi im die Ecke wohnen, ihre Nester bauen.

Nach dem Mittagessen folgt eine ausgedehnte Mittagspause. Und nach der Mittagspause begeben wir uns wieder in den Garten, wo Sonnenschein pur und Temperaturen von um die 20 Grad Celsius auf uns warten. *Herrlich!*

Weitere erwähnenswerte Ereignisse des Tages (Kurzform):
Aus den 18-Uhr-Nachrichten:

- Mecklenburg-Vorpommern und Schleswig-Holstein unterbinden den sonst stattfindenden Ostertourismus zur Ostseeküste ziemlich rigoros. An nahezu jeder Straße, die in eines der beiden Bundesländer führt, wird jedenfalls kontrolliert.
- In den vergangenen Wochen sollen über 650.000 Firmen bei der Bundesagentur für Arbeit Kurzarbeit angemeldet haben. *Eine unglaublich hohe Zahl,* denke ich mir ein wenig entsetzt.
- Es scheint seit heute eine neue Regelung zu gelten: Wer Deutschland für mehr als 48 Stunden verlässt, muss anschließend für zwei Wochen in Quarantäne.
- Aktuelle Corona-Zahlen aus Deutschland: 119.400 Infizierte, 2607 Tote und 52.400 Wiedergenesene.
- In Großbritannien sollen allein binnen der letzten 24 Stunden ca. 980 Personen an Corona verstorben sein.
- In den USA soll sich die Zahl der Corona-Infizierten inzwischen auf über 400.000 belaufen. 16.500 Menschen seien bislang an Corona verstorben, wobei der Anteil an Afro-Amerikanern überproportional hoch sei.
  Die Zahl der Arbeitslosen in den USA soll angeblich seit Mitte März um 16 Millionen Menschen angewachsen ein.

Samstag, 11. April 2020

Dieser Samstag gehört mir und dem Gartenhaus, dass sich meine Frau schon seit längerem wünscht. Von 8.30 Uhr bis ca. 17 Uhr arbeite ich jedenfalls nahezu ununterbrochen an diesem Gartenprojekt.

Anschließend folge ich schweren Herzens meiner Familie zu meinen Eltern, die uns zu einem „Grillen im Stehen" an der Feuerschale (als Ersatz für das abgesagte Osterfeuer des Dorfes) eingeladen haben. Aus meiner Sicht eine vollkommen überflüssige und unvernünftige Aktion, doch auch für dieses Event habe ich nicht die Courage, die Euphorie der Kinder und meiner Frau zu bremsen. Dennoch heißt es hier: Abstand halten! Und darauf achte ich penibel.

An der Feuerschale entflammt irgendwann zwischen meinem Vater und meinem bei VW arbeitenden Bruder eine hitzige Diskussion über die vielen kleinen und großen Betriebe, die schon innerhalb der ersten Corona-Woche nach finanziellen Hilfen geschrien haben. Mein Vater äußert dabei sein Unverständnis und seinen Unmut darüber. Da jedoch auch VW von Beginn an nach staatlichen Hilfen geschrien hat (Anmerkung von mir: obwohl sie in den letzten Jahren trotz ihrer Milliardenstrafen im Rahmen des Abgasskandals noch satte Gewinne eingefahren haben), vertritt mein Bruder eine vollkommen konträre Position, der ja selbst von diesen Hilfen profitiert.

Auch ich beteilige mich an der Diskussion, wobei ich die Position meines Vaters vertrete. Wie schon in Buch drei von mir gesagt, für mich heißt mit einem Unternehmen am Wirtschaftsleben teilzunehmen nicht nur, Gewinne einzuheimsen, sondern auch mal Täler zu durchschreiten. Das fatale am bisherigen Handeln ist / war jedoch aus meiner Sicht, dass alles immer nur auf billig getrimmt ist. Und mit billig, kann man halt keine (ausreichenden) Rücklagen für eine Krise schaffen, sondern nur von der Hand in den Mund leben. Was ich damit genau meine? Nun, den Döner für 3,50 €, das Schnitzel mit Pommes inkl. Getränk für 9 € und der

Flug nach Mallorca für unter 50€ (hin und zurück). Ich weiß, dass sind nur drei Beispiele, aber aus meiner Sicht drei Beispiele von ganz vielen und ich wünsche mir, dass sich das nach Corona ändert. Auch wenn dies zur Folge hat, das sich nicht nahezu jeder nahezu alles leisten kann, wobei auch ich vollends bereit bin, Abstriche zu machen. Doch ich befürchte, dass es genauso weitergeht, wie vorher und dann halt bei jedem wirtschaftlichen Einbruch sofort wieder nach Staatshilfen geschrien werden muss.

<u>Weitere erwähnenswerte Ereignisse des Tages (Kurzform):</u>
Aus den 20-Uhr-Nachrichten:

- In den USA sollen innerhalb der letzten 24 Stunden über 2.100 Menschen an Corona verstorben sein. Dennoch sagt Präsident Trump, dass das Schlimmste überstanden sei, dass die bisher größtmöglich kalkulierte Anzahl von 100.000 Corona-Toten in den USA nicht erreicht werde und schon bald mit Lockerungen der Restriktionen zu rechnen sei, worüber nur er und niemand sonst in „seinem" Land entscheiden werde. *Ich bin gespannt, in wie weit er mit all seinen Aussagen Recht behalten wird,* denke ich mir und kann mir an dieser Stelle nicht verkneifen, dass ich seit Beginn der Corona-Meldungen aus den USA stets mit zwei Gefühlen in mir zu kämpfen habe. Da ist einerseits eine absolute Schadenfreude, dass der Präsident durch diese Krise mal wieder politisch auf die Nase fällt und andererseits, mein absolutes Entsetzen auf Grund der hohen Zahlen und mein bedingungsloses Mitgefühl für die Bevölkerung dort. Denn ich muss gestehen, dass ich dieses Land schon seit Kindertagen sehr in mein Herz geschlossen habe, ohne zu wissen, warum dies so ist.

Sonntag, 12. April 2020 - Ostersonntag

Bereits um 5 Uhr klingelt der Wecker meiner Frau, da sie dem Osterhasen im Garten dabei helfen möchte, die Geschenke für die Kinder in das jeweils richtige Nest zu legen.

Ich werde dadurch zwar ebenfalls kurz wach, kann jedoch zum Glück noch einmal einschlafen. Erst als unsere Tochter um 6.40 Uhr ganz aufgeregt neben meinem Bett steht und mich ungeduldig darum bittet, mit ihr nach unten ins Wohnzimmer zu gehen, ist mir klar, dass die Nacht nun auch für mich endgültig vorbei ist.

Noch während ich wenig später im Bad stehe und mich anziehe höre ich, dass sich auch die beiden Jungs aus ihrem Zimmer und die Treppe hinunter ins Erdgeschoss unseres Hauses schleichen.

Um 6.46 Uhr wird eine Jalousie im Wohnzimmer hochgezogen, wodurch den Kindern der Blick in den Garten möglich ist.

Wenige Sekunden später höre ich Jubelschreie aus der unteren Etage „Der Osterhase war da!"

Nun gibt es kein Halten mehr. Die Kinder, allesamt noch im Schlafanzug, ziehen sich lediglich schnell die Schuhe an, schließen die Haustür auf und rennen in den Garten. Meine Frau und ich folgen ihnen so schnell es geht, um die Eiersuche nicht zu verpassen.

Durch das recht laute Juchzen und die freudigen Rufe der Kinder, zieht es auch unsere fast 80-jährige Nachbarin in ihren Garten an den Zaun zu unserem Grundstück.

„Frohe Corona-Ostern!" ruft mein jüngerer Sohn ihr sogleich entgegen, als er sie sieht.

„Frohe Corona-Ostern." entgegnet sie ihm mit einem lauten, ansteckenden Lachen, sodass wir alle bereits um kurz vor 7 Uhr unsere wahre Freude an diesem Ostersonntag haben.

Der weitere Verlauf des Ostersonntags im Schnelldurchlauf:

7.05 Uhr: Wir sind alle ein wenig durchgefroren und daher froh, wieder im Haus zu sein, wo die Kinder ihre Geschenke auspacken und ihre Schokoeier naschen.

7.15 Uhr: Meine Frau und ich sind ausnahmsweise einmal allein im Wohnzimmer und genießen es, mal kurz durchzuatmen. Die Kinder haben sich derweil in ihre Zimmer zurückgezogen und spielen.

8.10 Uhr: Frühstück

8.45 Uhr: Anziehen. Zähneputzen. Spielen.

10 Uhr: Österliche Unvernunft Teil 2: Abermals brechen wir zu meinen Eltern auf, wo ebenfalls der Osterhase gewesen ist. Ausschließlich draußen und immer auf Abstand bedacht, flitzen die Kinder durch den Garten. Dennoch ist mit dieser Aktion mehr Nähe verbunden, als mir lieb ist.

10.20 Uhr: Zurück zu Hause. Geschenke auspacken. Aufbauen. Spielen.

10.45 Uhr: Ich gönne mir eine kurze Pause auf dem Sofa.

11.03 Uhr: Österliche Unvernunft Teil 3: Nun geht es zu meinem Bruder und seiner Familie, damit die Kinder auch hier kurz im Garten nach Ostereiern suchen können. Während dies geschieht, bleibe ich am Hoftor ihres Grundstücks stehen.

11.22 Uhr: Wieder Daheim. Weitere Pause auf dem Sofa.

12.55 Uhr: Vorbereitung des Mittagessens. Zur Feier des Tages gibt es Hot Dogs.

13.25 Uhr: Mittagspause. Ich lege mich ins Bett und schlafe.

14.30 Uhr: Ich beginne damit, unsere Fahrradtour vorzubereiten. (Fahrräder aus der Garage holen, Luftdruck prüfen, Getränke für jeden abfüllen, kleine Snacks für unterwegs zubereiten, …)

14.50 Uhr: Wir radeln los.

17.40 Uhr: *Was für ein entspanntes Osterfest,* denke ich mir, als ich die Fahrräder zurück in die Garage schiebe. Auch heute vermisse ich gar nichts von all den vorangehenden Ostern, welche durch die oftmals sehr ausgedehnten Besuche bei Teilen der Familie anstrengender und vor allem auch deutlich verfressener waren.

19 Uhr: Mein jüngerer Sohn hat die spontane Idee, unseren Feuerkorb im Garten aufzubauen, ein Feuer darin anzuzünden und Brot sowie Würstchen darüber zu grillen.

Anfangs sträube ich mich wegen des Vorbereitungsaufwands gegen seine Idee. Da jedoch alle anderen davon begeistert sind und ihre Hilfe anbieten, raffe auch ich mich auf.

19.30 Uhr. Das Feuer im Feuerkorb brennt. Die Kinder kokeln jeder mit einem Stock in der Glut und sind glücklich. Auch das Brot und die Würstchen liegen schon auf dem Grillrost. Ein perfekter Ausklang für einen perfekten Tag. Corona hin oder her.

20.30 Uhr: Großes Waschen. Da wir alle stark nach Feuerrauch riechen, baden die Kinder während meine Frau und ich duschen.

21.30 Uhr: Wir alle gehen glücklich und zufrieden ins Bett.

<u>Weitere erwähnenswerte Ereignisse des Tages (Kurzform):</u>
- Nach den deutlich über 20 Grad Celsius heute, sind morgen in unserer Region lediglich Temperaturen unter 10 Grad Celsius zu erwarten. *Grrr!*
  Den ebenfalls vorhergesagten Regen könnten wir indes gut gebrauchen.

Montag, 13. April 2020 - Ostermontag

Bereits um 6.17 Uhr werde ich von den Kindern geweckt und wir gehen gemeinsam nach unten ins Wohnzimmer, wo ich ihnen erlaube, den Fernseher einzuschalten, während ich mich an den Küchentisch setze und an diesem Buch schreibe.

8.25 Uhr: Ich beginne damit, den Geschirrspüler auszuräumen und das Frühstück vorzubereiten.

9.21 Uhr: Das Frühstück liegt hinter uns. Nun heißt es chillen und/oder spielen.

10.21 Uhr: Die Kinder und ich räumen unseren Garten ein wenig auf, während sich meine Frau schon joggend auf den Weg zu meinen Schwiegereltern gemacht hat.

Es ist in der Tat deutlich kälter, als noch gestern, denke ich mir. *Eine Jacke ist für mich auf jeden Fall Pflicht. Auch Mütze, Schal und Handschuhe schaden trotz des anhaltenden Sonnenscheins heute nicht.*

10.50 Uhr: Österliche Unvernunft Teil 4: Die Kinder und ich folgen meiner Frau im Auto. Noch nie hatte ich ein schlechtes Gewissen zu meinen Schwiegereltern zu fahren. Bis heute. Denn auch dieses Mal muss ich unterwegs an die Worte von Frau Merkel denken, dass man sich in der ganzen Situation inzwischen etwas sicherer fühlt und dieses neu gewonnene Gefühl an Sicherheit schnell zu Leichtsinn wird. *Das, was wir heute hier tun, ist leichtsinnig,* lautet mein gedankliches Fazit, als ich bei meinen Schwiegereltern aus dem Auto steige; während die Kinder ihre Osternester und die darin liegenden Geschenke suchen; als meine Schwägerin mit ihren beiden Kindern (ein und drei Jahre alt) unsere Gruppe vergrößern; während des gemeinsamen Mittagessens auf der Terrasse und auch zu guter Letzt, als wir uns durchgefroren für eine Viertelstunde im Wohnzimmer aufwärmen bevor wir zu meiner Erleichterung den Heimweg antreten.

14.20 Uhr: Zurück zu Hause. *Waren die Besuche wirklich nötig?* frage ich mich auf dem Sofa liegend. *Nein,* lautet zumindest meine Antwort auf diese Frage.

15.15 Uhr: Kurzer Spaziergang durchs Dorf.

16.07 Uhr: Es kommt zu einem heftigen verbalen Streit zwischen meinem ältesten Sohn und mir. Es missfällt mir (mal wieder), dass er nur eins im Sinn hat: „zocken", wie er es nennt und womit er die Daddelei an Handy, Tablet oder Spielekonsole meint.

16.15 Uhr: Ich sitze bei meiner Tochter im Zimmer auf dem Fußboden und lasse mich frisieren. Da meine Haare inzwischen noch länger geworden sind, erlaube ich ihr heute sogar, mir die Spitzen zu schneiden.

16.40 Uhr: Gemeinsames Kaffeetrinken.

17.00 Uhr: Meine Frau und ich werden ins Zimmer unserer Tochter gebeten, wo eine überraschende Tanzaufführung aller drei Kinder auf uns wartet.

Wir staunen und freuen uns sehr darüber, was die drei im Verlauf des Tages einstudiert haben und nun für uns auf das Parkett legen.

17.40 Uhr: Fußballtraining mit den Jungs.

18 Uhr: Beginn des Online-Sportkurses an welchem meine Frau und meine Tochter teilnehmen.

18.45 Uhr: Ende aller sportlichen Betätigungen.

19.15 Uhr: Abendessen.

20 Uhr: Zeit für die Nachrichten:

- Die von Frau Merkel angekündigten Empfehlungen der Leopoldina zur Lockerung der aktuell geltenden Auflagen wurden veröffentlicht. Ich entnehme Folgendes aus den Worten des Nachrichtensprechers:
  - Schulen sollten nur für Abschlussklassen wieder öffnen. *(Das würde für unsere Jungs, in Klasse 3 und Klasse 5, bedeuten: weiterhin Corona-Ferien.)*

- o   Kindergärten sollten – wenn überhaupt – nur für ältere Kinder öffnen. (*Damit könnte auch unsere Tochter gemeint sein.*)
- o   Läden sollten nur unter Auflagen wieder öffnen.
- o   Es sollte eine generelle Mundschutzpflicht geben.

Aber, dies sind wie gesagt nur Empfehlungen. Ich bin gespannt, was die Politik davon umsetzt.

- Laut ADAC gab es an den Ostertagen so wenig Reiseaktivitäten, wie schon lange nicht mehr. Sowohl die Straßen, als die Züge sind nahezu leer.
- Aktuelle Statistik aus Deutschland: 123.016 Infizierte, 2.799 Tote und 69.300 Genesene.
- Wetter: Es soll im Laufe der Woche wieder deutlich wärmer werden ☺, jedoch bei uns auch weiterhin trocken bleiben. ☹

20.24 Uhr: Wir bringen die Kinder ins Bett.

ca. 21 Uhr: Ich gehe vom Zimmer meiner Tochter in mein eigenes Bett. *Es hat heute wieder nicht geregnet,* lautet mein erster Gedanke, dem etliche andere folgen. Die letzten Gedanken, an die ich mich erinnere, wandern gegen kurz nach 22 Uhr durch meinen Kopf und drehen sich rund um das Verhalten des Chefs meiner Frau: *Das, was er vorhat, die Stundenzettel seiner Angestellten zu manipulieren, um stärker in den Kurzarbeitergeldtopf greifen zu können, ist Betrug und schlichtweg kriminell. Ich muss morgen früh dringend mit meiner Frau darüber reden, bevor sie zur Arbeit fährt.*

Dienstag, 14. April 2020

Der letzte Gedanke des gestrigen Tages, hat mich auch in der Nacht nicht losgelassen und somit für einen recht unruhigen Schlaf gesorgt. Entsprechend müde sitze ich daher heute um 6.30 Uhr am Frühstückstisch und sage zu meiner Frau: „Du, ich habe gestern Abend nochmals über das Vorhaben deines Chefs bezüglich der Kurzarbeitergeldsache nachgedacht. Das, was er da vorhat, ist schlichtweg Betrug. Ich rate dir daher dringend, keine gefälschten Stundenzettel zu unterschreiben, sonst hängst du automatisch als Mittäterin in der Sache mit drin. Falls er dir im Nachgang einen von ihm geänderten Stundenzettel aushändigt, der nicht der Wahrheit entspricht, solltest du ihm umgehend schriftlich mitteilen, dass du damit nicht einverstanden bist. Okay?"

Meine Frau nickt bedrückt und schweigend.

Ich: „Des Weiteren bitte ich dich, mir ab sofort nichts mehr über seine diesbezüglichen Machenschaften mit deinen Kolleginnen und Kollegen zu erzählen. Die ganze Sache macht mich nämlich derart sauer, dass ich es ansonsten nicht mit meinem Gewissen vereinbaren kann, ihn nicht anzuzeigen."

Auch auf diese Worte erhalte ich stilles Nicken meiner Frau als Antwort. Das reicht mir jedoch offenbar für den Moment aus, denn es zieht mich anschließend sofort ins Büro, wo ich schnell noch ein Schreiben für das Finanzamt erstelle, in dem ich beantrage, dass die geplanten Steuervorauszahlungen in Höhe von jeweils knapp 1000 € im Juni, September und Dezember auf Grund meines Auftragseinbruchs bitte nicht abgebucht werden sollen. *Hoffentlich klappt das. Falls nicht, wird spätestens ab Juni finanziell richtig eng für uns,* denke ich, als ich wenige Minuten später den Brief in den Briefkasten einwerfe und mich dann sogleich auf den Weg zum Einkaufen mache. 7.14 Uhr: Ich erreiche das Einkaufszentrum, setze mir erstmals den von meiner Frau für mich genähten Mundschutz auf und steige aus. Bereits auf dem Weg vom Auto zur Einkaufswagenstelle komme ich mir wegen meiner Maskierung wie ein Aussätziger vor, da ich nahezu der Einzige bin, der einen Mundschutz trägt und, weil mich die anderen Einkaufenden irgendwie komisch anschauen. Aber, vielleicht ist letzteres auch nur so ein Gefühl, weil ich mich selbst nicht 100%ig wohl fühle. Dennoch denke ich mir: *Ja, gafft mich nur alle blöde an. Früher oder später werdet auch ihr mit einem Mundschutz herumlaufen. Es ist nur die Frage, wann.*

9.05 Uhr: Ich kehre nach Hause zurück und habe alles bekommen, was ich bekommen wollte. Sogar das in den letzten drei Wochen stets leere Toilettenpapierregal, war heute recht gut gefüllt. ☺

9.23 Uhr: Frühstück

9.32 Uhr: Meine Frau fährt zur Arbeit. *Bis 18.30 Uhr werde ich mit den Kindern alleine sein,* denke ich wehmütig, als sie vom Hof rollt und ihr noch eine Weile verträumt hinterher blicke.

9.45 Uhr: Schulbeginn. Für die Jungs steht Deutsch und Mathe auf dem Programm. Meine Tochter spielt derweil in ihrem Zimmer mit ihren Puppen.

10.50 Uhr: Ende der Schule; Beginn des Fußballtrainings für die Jungs.

11.25 Uhr: Abbruch des Trainings, da es auch heute derart kalt ist, sodass wir drei nach nur knapp 30 Minuten ordentlich durchgefroren sind.

11.30 Uhr: Ich hänge die Wäsche auf.

11.40 Uhr: Ich halte meine Abstinenz von meinem Schreibtisch nicht mehr aus und setze mich daher für 40 Minuten ins Büro und schreibe. Was die Kinder in dieser Zeit machen, ist mir ehrlich gesagt, völlig egal.

12.20 Uhr: Vorbereitung des Mittagsessens.

13.10 Uhr: Mittagessen.

13.30 Uhr: Küche aufräumen – Teil 1

13.40 Uhr: Mittagspause. Die Kinder schauen einen Film. Ich lege mich kurz aufs Ohr.

14.30 Uhr: Küche aufräumen – Teil 2. Den Kindern gebe ich derweil den Auftrag, unser Altglas mit dem Puppenwagen meiner Tochter zum Glascontainer zu bringen.

Ca. 15 Uhr: Aufbruch zu einer Radtour. Im Gegensatz zu heute Morgen ist es zum Glück im Verlauf des Tages wieder etwas wärmer geworden. *Viel mehr als 10 Grad Celsius dürfte das Thermometer jedoch nicht anzeigen,* denke ich mir unterwegs, als meine Finger anfangen vor Kälte zu kribbeln.

16.30 Uhr: Wir sind wieder daheim. Meine Tochter und ich fangen sofort damit an, einen Kuchen zu backen. Die Jungs sind währenddessen draußen auf dem Trampolin.

Gegen 16.40 Uhr schaue ich aus dem Küchenfenster und sehe einen Freund meines jüngeren Sohnes an unserem Zaun, unweit des Trampolins stehen. Die beiden unterhalten sich. Kurz darauf kommt mein besagter Sohn zu mir in die Küche gestürmt und fragt, ob er mit seinem Freund eine kleine Radtour durch das Dorf machen darf.

Erstmals bin nun auch ich in der Situation über ein derartiges Begehren entscheiden zu müssen und komischer Weise suche in meinem Kopf lediglich nach Argumenten, es ihm zu erlauben. Es dauert nicht lange, bis ich eines finde: *Die derzeitigen Regeln erlauben, dass man sich draußen alleine oder mit einer nicht aus dem eigenen Haushalt stammenden Person aufhalten darf. Warum sollte dies nicht auch für die Kinder gelten?*

Ich finde keine Antwort auf diese Frage in mir. Daher sage ich zu meinem Sohn: „Okay, das könnt ihr machen. Aber haltet Abstand zueinander und bitte sei in einer halben Stunde wieder hier!"

Postwendend sehe ich ihm an, dass er vor Freude platzen könnte. Er zögert daher auch nicht lange, umarmt mich und rennt anschließend sogleich in die Garage zu seinem Fahrrad.

17.15 Uhr: Alle Kinder sind (wieder) daheim und schauen mich fragend und teils gelangweilt an. *Was machen wir jetzt?* frage ich mich.

„Wollen wir alle zusammen Wii spielen?" platzt es aus mir heraus. „Das haben wir schon ewig nicht gemacht."

„Jaaaaa!" schreien die drei zu meiner Erleichterung nahezu synchron.

„Na dann, ab vor die Wii!" sage ich zu ihnen.

18.30 Uhr: Meine Frau kehrt von der Arbeit heim, was mir auch heute eine gewisse Last von den Schultern nimmt. *Endlich nicht mehr allein mit den Kindern!*

19 Uhr: Abendessen.

19.30 Uhr: Auftrag an alle: Wäsche weg sortieren & Schlafanzüge anziehen.

19.45 Uhr: Beginn des Netflix-Abendkinos.

20 Uhr: Kurze Unterbrechung für die Nachrichten. Drei Minuten wird über Corona und 12 Minuten über weitere Themen berichtet. *Vor knapp zwei Wochen war es genau anders herum,* denke ich mir.

20.15 Uhr: Fortsetzung des Kinos.

21.45 Uhr: Die Kinder schlafen bereits. Auch ich bin müde und liege im Bett. Mein letzter Gedanke des Tages lautet: *Ich bin echt sehr gespannt darauf, was sich die Politik morgen ausdenken und wie es dann ab der kommenden Woche weitergehen wird.*

Fortsetzung folgt.